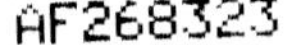

Couverture Inférieure manquante

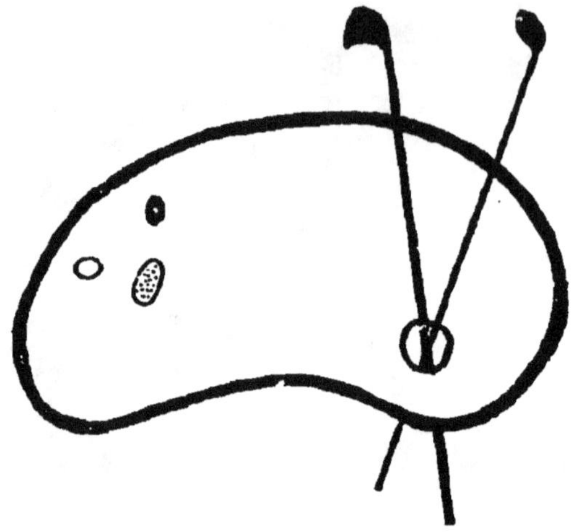

DEBUT D'UNE SERIE DE DOCUMENTS
EN COULEUR

VISITES

FAITES DANS LES PRIEURÉS

DE L'ORDRE DE CLUNY

DU DAUPHINÉ

de 1280 à 1303

PUBLIÉES

Par J. ROMAN

Correspondant du Ministère de l'instruction publique

MONTBÉLIARD

IMPRIMERIE P. HOFFMANN

1883

VISITES

FAITES DANS LES PRIEURÉS

DE L'ORDRE DE CLUNY

DU DAUPHINÉ

de 1280 à 1303.

LA *bibliothèque nationale s'est enrichie, il y a peu de mois, d'une série de documents manuscrits importants par leur nombre et par l'intérêt historique qu'ils présentent. Ils sont relatifs à l'ordre de Cluny et proviennent de la bibliothèque de la ville de Cluny, héritière des archives générales de l'ordre ; elle s'en est dessaisie au profit de notre grand dépôt national. Toutes les anciennes visites de l'ordre de Cluny, qui existaient dans cette collection, ont été reliées en deux volumes portant la cote Nouvelles acquisitions latines 2270 et 2271. Ces volumes renferment un certain nombre de procès-verbaux de visites faites de 1280 à 1303 en Provence, province de l'ordre de Cluny qui comprenait à la fois la Provence, le Dauphiné et la Savoie. J'en ai extrait la partie qui concerne la province de Dauphiné, et je pense que ces documents présenteront quelque intérêt aux érudits qui s'occupent de l'histoire ecclésiastique de nos contrées pendant le moyen âge. A côté de faits insignifiants, on y rencontrera des renseignements précieux et que l'on ne trouverait probablement pas ailleurs sur la vie monastique, sur le nombre de moines de chaque prieuré, sur leurs revenus, l'administration de leurs biens et l'état des bâtiments ecclésiastiques.*

1

Quelques faits historiques plus importants, tels que le siège et la prise de Gap par le prince de Salerne en 1282, y sont mentionnés.

L'intérêt historique de ces procès-verbaux est unanimement reconnu par les savants, et ils ne tarderont pas à être publiés successivement province par province. Déjà MM. LUCE, BRUEL, ROBERT et M. l'abbé CHEVALIER ont édité la partie qui concerne le Poitou, l'Auvergne, la Franche-Comté et le Lyonnais [1] ; je viens ajouter une province nouvelle à cette courte liste.

Les monastères faisant partie du Dauphiné ou des provinces limitrophes et mentionnés par les visiteurs sont au nombre de trente-deux ; les prieurés de l'ordre de Cluny étaient, tout le monde le sait, bien plus nombreux dans notre province, mais les visiteurs pouvaient se dispenser d'inspecter ceux qui étaient unis à des prieurés plus importants, et ils ne manquaient pas généralement de le faire.

Voici, par ordre alphabétique, la liste des prieurés dont il est question dans les documents qui vont suivre, avec les numéros des paragraphes dans lesquels ils sont mentionnés :

Allex (xix, xxxvi) ; Aups (xii) ; Avallon (xxx) ; Barnave (xix, xliii) ; Bathernay (xx) ; Beaumont (xxii) ; Chabeuil (i, vi, xviii, xxxv) ; Chausseon (xix) ; Corvat (xv) ; Domène (xxviii, xlviii) ; Dotoet ? (xxix) ; Fay-le-fue (xxi, xxii) ; Gigors (xix) ; Manthes (xvi, xxxii) ; la Motte-Chalancon (xl) ; Peaugres (xxxiii) ; Pelleautier (xxiv, xlii) ; Ribiers (xxi, xxxviii) ; Saint-André de Gap (viii, xiv, xxiv, xlii) ; Saint-André de Rosans (iv, xxii, xxxix) ; Sainte-Jalle (xxiii, xli) ; Sainte-Lucie (ii, ix) ; Saint-Marcel de Die (xl, xliv) ; Saint-Marcel de Sauzet (xii, xiii, xx) ; Saint-Pierre d'Allevard (xxix, xlix) ; Saint-Privat (xii) ; Saint-Sébastien de Corps

---

1. Visite par les prieurs de Barbezieux et de Saint-Sauveur de Nevers des monastères de la congrégation de Cluny situés dans la province de Poitou *en* 1292, *par Siméon* LUCE (Biblioth. de l'école des chartes, *1859*, p. 237).

Visites des monastères de l'ordre de Cluny de la province d'Auvergne en 1286 et 1310, *par A.* BRUEL *(ibid., 1877, p. 114).*

Etat des monastères Franc-Comtois de l'ordre de Cluny aux XIIIᵉ-XVᵉ siècles, par *Ulysse* ROBERT (Société d'émulation du Jura, *1882*).

Visites des monastères de l'ordre de Cluny de la province de Lyon, *par M. l'abbé Ulysse* CHEVALIER *(en appendice au* Cartulaire de Paray-le-Monial, *p. 128).*

(XXV, XLV) ; Tain (V, XVII, XXXIV, XXXVII) ; Ternay (XXXI) ; Urre (XI, XIX, XXXVII) ; Valbonnais (XXVI, XLV) ; Vizille (III, XXVII, XLVII).

Ces visites générales des monastères de Cluny avaient commencé en 1259 par ordre du chapitre général ; elles avaient été rendues nécessaires par la mauvaise administration de certains prieurs, qui laissaient se perdre les revenus et les biens qui leur avaient été confiés. Il est certain que cette surveillance ne fut pas inutile et contribua puissamment à la conservation des biens acquis par la congrégation de Cluny [1].

Visite de 1280 (ms. 2270, p. 23). — Visitationes capituli generalis facte per Fygyacense et Mauziacense abbates, Sancti Martini de Campis Parisii et Montis Desiderii priores, anno Domini M CC LXXX. — Visitatio Provincie facta per de Condimina et de Avalon priores.

I. Quoniam frater Stephanus, qui moratur apud *Chabuil* [2], fuit inobediens visitatoribus, veniat apud Cluniacum penam pro meritis recepturus.

II. Quoniam prior *Sancte Lucie* [3] negligens dicitur in possessionibus, juribus et redditibus conservandis, injungat dominus abbas camerario quod ad dictum locum accedat et super hoc diligenter inquirat ; et si ita invenerit, injungat priori quod apponat consilium infra proximo venturum capitulum generale.

III. Quoniam frater R., qui moratur apud *Vigiliam* [4], est de incontinentia diffamatus, veniat apud Cluniacum puniendus ; loco autem ipsius mittatur unus monachus apud Vigiliam moraturus.

V. Cum domus *Sancti Andree Rosanensis* [5] non modicum

---

1. M. Brun-Durand, *correspondant du ministère, mon confrère et mon ami, a bien voulu m'aider de son érudition pour identifier les noms de lieu contenus dans les visites de Cluny ; je le prie d'agréer tous mes remerciements.*

2. Chabeuil, *ch. l. de con, arr* de Valence (Drôme).

3. Sainte-Lucie, *ham., cne de Condorcet* (Drôme).

4. Vizille, *ch. l. de con, arr* de Grenoble (Isère).

5. Saint-André-de-Rosans, *comne, con de Rosans, arr* de Gap (Hautes-Alpes) ; *le prieuré fut fondé en 988.*

sustineat detrimentum in suis juribus et possessionibus et ju-
risdictionibus quibuscumque, nec prior possit apponere consilium et alias domus predicta sit debitis multipliciter obligata,
difiniunt quod apponat dominus abbas consilium quod viderit
expedire. Cetera sunt, etc.

Visite de 1282 (ms. 2270, p. 29).— Visitatio Provincie facta
per Cariloci et Sancti Christofori priores.

v. Frater Stephanus, qui verba contumeliosa dixit priori suo
de *Tincto* [1] et manus injuriosas in ipsum dicitur injecisse, ad
arbitrium dominorum de ordine puniatur, taliter quod ceteri
a similibus arceantur et suis superioribus verbo et facto honorem exibeant et obediant reverenter.

vi. Priori de *Chabolio* precipiat dominus abbas quod inhi-
beat et prosequatur jus suum per privilegiaCluniacensis ordinis,
ne nomine hospitalis de Albraco [2] construatur ibidem cap-
pella seu domus alia religiosa.

vii. Scribat dominusabbas cancellario principis, ut de domo
Sancti Privati [3] ordinet ad honorem et utilitatem domus *Sancti
Marcelli de Sauzetto* [4], et mittatur unus monachusapud Sanc-
tum Marcellum.

viii. Cum domus *Sancti Andree de Vapince* [5] quamplurimum
fuerit aggravata et maxima dampna incurrerit per exercitum
domini principis Salernensis, et ipse et dominus princeps
exigat a prioribus Clun. existentibus in Provencia equos arma-
tos, ad quos tenentur nullatenus, scribat dominus abbas
et diffinitores eidem domino principi, ut dampnum datum
dicte domui Sancti Andree faciat emendari, et cessare velit ab
exactione equorum predictorum ; et nihilominus precipiat dominus abbas prioribus supradictis ne nullatenus servitutem

---

1. Tain, *ch. l. de con, arr* de Valence (Drôme).*
2. *L'hôpital d'Aubrac était un grand et important bénéfice du diocèse de
Mende, qui avait des dépendances dans les diocèses voisins.*
3. Saint-Privat, *ham., cne de Roynac, con de Crest, arr* de Die (Drôme).*
4. Sauzet, *cne, con de Marsanne, arr* de Montélimar (Drôme).*
5. Saint-André de Gap, *prieuré situé aux portes de cette ville et fondé en
1029.*

istam vel aliam imponant de novo domibus suis [1]. (*ibid., p. 3o*).

ɔ ıx. Cum bona et possessiones domus *Sancte Lucie* sint in multis alienata et distracta, precipiat dominus abbas priori ut dicta bona et possessiones revocat et recuperet.

· x. Alioquin precipiat dominus abbas camerario Provincie ut ad manum suam ponat dictam domum et revocet alienata et domum teneat usquequo de expensis suis quas fecit in revocatione sibi fuerit satisfactum.

Visite de 1293 (ms. 2270, p. 46). — Diffinitores capituli generalis Sancti P. de Silviniaco, de Marcigniaco, de Rivis, de Vandopma, de Sancta Margareta in Helincuria, etc. priores, anno Domini M CC nonagesimo tercio. — Visitatio Provincie.

] xı. Quia prior de *Urre* [2] indiget coadjutore, provideat dominus abbas dicte domui celeriter de coadjutore provido et honesto.

·ͺxıı. Quia prior de *Alpibus* et prior *Sancti Privati*, subjecti domui *Sancti Marcelli de Sacceto*, non morantur in prioratibus suis nec etiam monachi eorumdem, precipiunt deffinitores quod dicti priores cum monachis suis de cetero in dictis domibus commorentur.

·ͺxııı. Quia domus *Sancti Marcelli de Sacceto* spiritualiter et temporaliter est in malo statu propter absentiam prioris dicti loci, electi et confirmati in abbatem Sancti Petri Viennensis foris portam, ordinet dominus abbas de dicta domo celeriter secundum quod commodius et utilius viderit expedire [3].

ɔ xıv. Quia quedam decime domus *Sancti Andree de Gap* per predecessorem istius prioris fuerunt alienate, precipiunt deffinitores priori qui nunc est, quod in revocandis predictis deci-

---

1. *Le prince de Salerne, fils du comte de Provence, fut appelé en 1282 par Othon de Grasse, évêque de Gap, à son secours contre ses sujets révoltés, et parvint à le réintégrer dans sa ville épiscopale d'où il avait été chassé. Les mentions authentiques et positives de ces évènements si intéressants pour l'histoire municipale de la ville de Gap sont fort rares.*

2. Eurre, cⁿᵉ, coⁿ de Crest, arrᵗ de Die (Drôme).

3. *L'abbé de St-Pierre de Vienne, prieur de St-Martin de Sauzet, était Pierre Arnaud, qui mourut en 1286, le 21 août* (Gall. Christ., *t. XVI, p. 157*).

mis ad jus et proprietatem dicte domus apponat opem et operam efficacem.

· xv. Quia domus de *Corvat* 1, subjecta prioratui de *A lavardo* 2, regitur per clericum secularem, et male et insufficienter ministratur monachis dicti loci, nec fit ibi divinum officium competentem, diffinierunt diffinitores quod prior de *Alavardo* dictam domum revocet et eidem domui competenter provideat de priore.

Visite de 1296 (ms. 2270, p. 54). — Hoc est visitatio Provincie. Anno Incarnationis Dominice M CC nonagesimo sexto et die .... mensis......., fratres G. et G., de Gravilonga et de Regniaco priores, visitatores.

: xvi. Consequenter venimus apud *Mantula* 3. Sunt ibi quatuor monachi, priore computato, qui Deo serviunt ut consueverunt. Prior nichil debet ; spiritualia et temporalia sunt in bono statu. Sacrista dicti loci fuit male tractatus apud Moras 4 per gentes Delfini.

4 xvii. Consequenter venimus apud *Tynctum* et invenimus ibidem iiiior monachos, priore excepto, qui absens erat. Intelleximus per procuratores suos quod nichil debet, et habet victualia usque ad fructus novos. Monachi celebrant divina et Deo serviunt sufficienter. Cluquerium indiget reparatione et ediffcio. Item aliquid conqueritur de hospitalitate, quia male servatur.

·. xviii. Consequenter venimus apud *Chabeolum*. Ibi sunt duo monachi, priore excepto, qui absens erat. Monachi Deo serviunt. Prior debet C libras et eciam magis, prout comperimus per assercionem cujusdam capellani qui dicebatur esse procurator suus.

·, xix. Consequenter venimus apud *Aleysium* 5. Sunt ibi tres

---

1. Corvat, *ham., cne de St-Offenge-dessus, con d'Aix, arr' de Chambéry (Savoie).*

2. Allevard, *ch. l. de con, arr' de Grenoble (Isère).*

3. Manthes, *ham., cne de Moras, con du Grand-Serre (Drôme).*

4. Moras, *cne, con du Grand-Serre (Drôme).*

5. Allex, *cne, con de Crest, arr' de Die (Drôme).*

monachi, priore computato, Deo servientes. Prior debet xii libras, et sibi debentur xx libre vel amplius. Cetera sunt in bono statu. Tamen eodem die et in dicto loco fecimus vocari ad presenciam nostram priores, videlicet de *Barnava* [1], de *Guigors* [2] et de *Chauceon* [3] et socios residentes apud *Urre*, et inquerimus de statu prioratuum predictorum, cum propter brevitatem temporis ad dicta loca accedere non potuimus. Set prior de *Gigor{* habet socium monachum et debet xii libras tantummodo, et habet necessaria usque ad fructus novos. Item apud Chauceon est prior cum socio monacho et non debet nisi xii libras vel circa et habet necessaria usque ad fructus novos. Item prior de *Barnava* habet socium monachum, et dictus prioratus in temporalibus et spiritualibus extitit in bono statu. Item apud *Urre* sunt tres monachi ; prior absens est studia frequentando. Omnes isti supradicti Deo serviunt competenter.

§ xx. Consequenter venimus apud *Sanctum Marcellum de Sau{eto*, quem abbas Sancti Petri foris porte Vienne tenet. Sunt ibi quinque monachi residentes et unus qui absens erat, detintus infirmitate, prout dictum nobis fuit, qui vocatur Girardus de Noylhiaco, Deo servientes, cum regularia vestimenta infectis dorsis et pedibus non habent, et hoc propter paupertatem vestiarii, nam ita modicum vestiarium habent quod nullo modo possunt se induere de eodem regulariter. Item claustrum, dormitorium, ecclesia cum cluquerio indigent reparacione. Item domus parum debet et etiam quod debet potest persolvi de residuo bladi et vini et aliorum bonorum. Item quidam, qui vocatur Hugo Geraudi, tenet de redditibus ipsius domus ad valorem xxx vel xl librarum. Item capellanus de *Sau{et* tenet de redditibus dicte domus xl solidos super ecclesiam *Sancti Georgii*. Item in ecclesia de *Bays* [4] sollebat esse monachus et

---

1. Barnave, cne, con *de Luc-en-Diois, arr*ᵗ *de Die* (*Drôme*).
2. Gigors, cne, *con de Crest, arr*ᵗ *de Die* (*Drôme*).
3. Chausseon, *ham.,* cne *de Su{e, con de Crest, ar*ᵗᵗ *de Die* (*Drôme*).
4. Plan-de-Baix, cne, *con de Crest, arr*ᵗ *de Die* (*Drôme*).

residere, et modo nullus residet. Item etiam in parrochiis ecclesiarum pertinentium ad *Paternacum* [1] predicti prioratus non solvunt decime, ex quibus domus patitur magnam......; et ex quibus maximam utilitatem assequeretur si posset adipisci ; et, nisi in brevi repetantur, suspicatur quod dominus episcopus Valencie apponat manum suam. Item hoc anno decessit ibi unus monachus, qui dedit libros suos conventui Cluniacensi, qui vocabatur Egidius de Gresac.   *(p. 55).*

xxi. Consequenter venimus apud ecclesias de *Ripperiis* [2]. Ibidem sunt tres monachi, priore computato, Deo servientes juxta possibilitatem suam ; tamen sine libris, quia non sunt cum quibus possint divina honorifice celebrare, et etiam non est nisi unica campana in dicta ecclesia. Item prior debet racione debitorum predecessoris sui xxv libras, et xv pro debito quod contraxit suo tempore. Item quidam monachus, qui in dicto loco residet, Guigo nomine, et qui fuit de *Fay le fue* [3], postulat et requirit quod vocetur ad claustrum Cluniacensem.

xxii. Consequenter venimus apud *Sanctum Andream de Rosanis*. Ibidem sunt vii monachi, priore computato, et etiam alii duo qui olim fuerunt de *Fay le fue*, qui petunt mansiones quas non habent, videlicet frater Raymundus Truelli et frater Bertrandus Arcalharii ; dicunt etiam isti duo predicti monachi quod de vestiario non fuit eis provisum duo anni sunt elapsi, de quo tennerime conqueruntur. Item prior dicti loci nobis retulit quod prioratus de *Bellomonte* [4], sibi subjectus, gravissime est opressus debitis, in tantum quod nisi in brevi apponatur remedium, timetur de destructione ipsius ; nam prior prioratus predicti taliter oppressi, in solvendis debitis usque

1. Bathernay, *cne*, *con de Saint-Donat, arrᵗ de Valence (Drôme).*

2. Ribiers, *ch. l. de con, arrᵗ de Gap (Hautes-Alpes). Ce prieuré, actuellement transformé en paroisse, était sous le vocable de Notre-Dame du Serre.*

3. Fay-le-fue *est la même chose que* Prads, *d'abord abbaye de l'ordre de Chalais, puis prieuré du diocèse de Sisteron, uni au XVIᵉ s. à Saint-Martial d'Avignon.*

4. Beaumont-en-Diois, *cant. de Luc (Drôme), bénéfice dépendant de St-Marcel de Die.*

nunc, ut dicitur, extitit negligens et remissus. Item prior predictus, videlicet *Sancti Andree*, debet circa C libras, et hoc propter quamdam obligationem quam recepit usque ad xvi annos pro evidenti utilitate dicti prioratus a quibusdam nobilibus.

(p. 56).

14 XXIII. Consequenter fecimus vocari ad presentiam nostram eadem die et loco priorem *Sancte Galle* 1, quia propter brevitatem ad dictum locum accedere nequivimus. Ibidem sunt duo socii, priore excepto, et alii duo monachi morantur in prioratu Sancte Lucie, unito predicto prioratui *Sancte Galle*, Deo servientes. Item prior debet xv libras, set plus debetur sibi quam ipse debeat. Plura bona facit in dicto prioratu et fecit. Inter alia nobis retulit quod quidam monachus, qui vocatur Petrus de Vergi, qui fuit socius suus, demisit habitum et pravam vitam ducit, qui etiam incorrigibilis extitit.

10 XXIV. Consequenter venimus apud *Sanctum Andream de Gap*. Ibidem sunt tres monachi, computato priore, qui dicit se scolarem de licencia domini abbatis. Debet dictus prior sexagenta et x libras, quod comperimus per assercionem juramenti prepositi et cellerarii supra sancta Dei evangelia prestitam, et habet victualia usque ad fructus novos. Monachi Deo sufficienter serviunt. Item in *Podio Lheuterii* 2, sicut intelleximus, non est socius monachus.

21 XXV. Consequenter venit ad nos prior *Sancti Sebastiani* apud Corvum 3, cum propter viarum discrimina ad dictum locum accedere nequivimus. Sunt ibidem tres monachi, preter priorem, qui debet xl et duas libras, preter fructus istius anni, quos petit dominus abbas. Item habet deffectum victualium usque ad valorem xx librarum. Item dictus prior habet quemdam socium monachum, qui vocatur Bertrandus de Gap, qui non est sacerdos.

1 LXXVI. Consequenter venimus apud *Vallem Bonesii* 4, in quo

---

1. Sainte-Jalle, cⁿᵉ, con du Buis, arrᵗ de Nyons (Drôme).
2. Pelleautier, cⁿᵉ, con de Tallard, arrᵗ de Gap (Hautes-Alpes).
3. Saint-Sébastien, cⁿᵉ, con de Mens, arrᵗ de Grenoble (Isère).
4. Valbonnais, ch. de cⁿ, arrᵗ de Grenoble (Isère).

loco sunt vii monachi, priore computato, Deo sufficienter servientes. Prior debet circa xxx libras et habet necessaria usque
ad fructus novos.

xxvii. Consequenter venimus apud *Vigile.* Sunt ibi ii monachi, preter priorem ; monachi Deo serviunt. Debet dictus prior
CC libras. Hospitalitas et elemosina ibidem non bene servan-
tur. Item tectum ecclesie indiget coopertura, sed prior labo-
rat pro reparacione dicte ecclesie. Item dictus prior accensavit decimariam dicti prioratus ad vitam quorumdam, qui vo-
cantur Guigo et Perrot Pelhicier. Item quidam, qui dicitur
Pelhicier, et nepos rectoris dicte ecclesie sunt ibidem apreban-
dati et etiam monachi ibidem residentes. Item agriculturam
dicti prioratus et dominicaturas accensavit predictus prior
quibusdam.

xxviii. Consequenter venimus apud *Domena* [1]. Ibi sunt xiiii^{or}
monachi, computato priore, Deo devote servientes. Prior debet
CCC libras vel circa, et hoc propter deffectum vini quem pas-
sus fuit anno preterito et propter causam quam habuit contra
quosdam nobiles. Item dictus prior valde conqueritur, quia
facultates dicti prioratus non sufficiunt sibi nec possunt. Habet victualia usque ad fructus novos.

xxix. Consequenter venimus apud *Sanctum Petrum de Lavardo.* Sunt ibidem vii monachi, priore computato, Deo secundum loci convenientiam servientes. Prior nichil debet et habet
necessaria usque ad fructus novos. Cetera sunt in bono statu.
Item prior *Dotoet* [2], qui subjectus est prioratui *Sancti Petri de
Lavardo* predicto, venit ad nos monstrando factum quod se-
quitur : scilicet quod frater Guigo de Castronovo, monachus,
habebat mantionem penes ipsum priorem Dotoet ; contingit
autem quod ipsa mansio fuit sibi alibi assignata, propter quod
dictus prior tradidit sibi equum suum et x solidos pro expensis ut iret apud mansionem, quod non fecit, sed obfugit cum
dicto equo. Iste prior hoc audiens secutus fuit ipsum, quem

---

1. Domène, *ch. de con, arr^t de Grenoble (Isère).*
2. Dotoet *ou* Docoet : *j'ignore quel est le nom moderne de cette localité et
son emplacement.*

non invenit, sed venit apud Cluniacum et obtinuit litteras a priore claustrali, qui modo factus prior *Salviniensis* [1], quod dictus monachus caperetur ubicumque posset inveniri. Demum dictus prior invenit dictum monachum apud *Pomers in Foresio* [2]. Volens accipere et credens dictum suum equum, sed dictus monachus venit gladio evaginato et interfecit dictum equum in presencia plurium ; postea dictus monachus intento super sancta Dei evangelia reddere dicto priori pro equo interfecto C solidos solvendos in festo Omnium Sanctorum, quod nundum fecit.

xxx. Consequenter venimus apud *Avalon* [3]. Sunt ibi tres monachi, priore computato, Deo servientes. Prior debet xxv libras Viennensium vel circa. Habet victualia sufficienter usque ad fructus novos. Ecclesia indiget coopertura.

Visite de 1303 (ms. 2271, p. 10). — Anno Domini MCCC tercio, videlicet die sabbati ante Purificationem beate Marie, prior de Contamina et frater Johannes inceperunt visitationem Provincie sicut comissam.

xxxi. Die sabbati. Item apud *Ternay* [4] sunt tres socii monachi, preter priorem. Divinum officium, heleemosina et hospitalitas bene fiunt ibi. Domus debet circa centum libras Viennensium, et habet necessaria usque ad novos fructus. Non habet statuta : visitatores preceperunt ut habeant statuta penes se et observarent.

xxxii. Item apud *Mantal* sunt tres socii monachi more solito, preter priorem. Divinum officium, heleemosina et hospitalitas bene fiunt ibi, prout dicit prior. Domus debet circa VI^{xx} libras Viennensium, quas bene solvisset nisi guerra sibi nocuisset ; et habet necessaria usque ad novos fructus. Item dicit quod habet statuta et tenet.

---

1. *Il est difficile de préciser duquel des nombreux bourgs ou villes du nom de Sauvigny il s'agit dans ce passage.*

2. Pommiers, cne, con de Saint-Germain-Laval, arr^t de Roanne (Loire).

3. Avallon, ham., cne de Saint-Maximin, con de Goncelin, arr^t de Grenoble (Isère).

4. Ternay, cne, con de Saint-Symphorien-d'Ozon, arr^t de Vienne (Isère).

xxxiii. Die lune. Item apud *Purogro* [1] est unus monachus et prior de *Mantula* pro majori parte est ibi, qui tenet domum. Hospitalitas et helemosina ibi bene fiunt, et divinum servicium pro...... unum monachum et cantum loci. Domus nil debet, sed est in bono statu.

xxxiv. Die martis. Item apud *Tintum* visitavit dominus abbas.

xxxv. Die mercurii. Item apud *Chabcolum* sunt duo monachi com priore, more solito ut dicit prior, et sunt ibi duo sacerdotes creati castri et ville de *Chabuel*, habentes prebendam suam com monachis, et est ibi quidam alius presbiter tenens claves prioris. Sed quia monachi dicti loci de dicto presbitero valde se coram visitatoribus conquerebantur, preceperunt visitatores priori dicti loci quod claves cellerarie de manu dicti presbiteri removeret, ad evitandum periculum quod oriri posset inde. Item quia divinum officium ibi fieri plene et perfecte non poterat propter deffectum librorum, videlicet psalterii et antifonarii, prout dicebant monachi, preceperunt visitatores priori ut dictos libros posse suo habere procuraret : que omnia dictus prior promisit se facturum, et etiam de coopertura clocherii et chori. Hospitalitas et heleemosina more solito ibi fiunt, videlicet helemosina ter in edomada a festo Omnium Sanctorum usque ad festum beati sancti Johannis Baptiste. Item domus debet circa IIIIxx libras Viennensium, et habet necessaria usque ad novos fructus et habet statuta. Cetera sunt in bono statu, excepto uno molendino quod Dalphinus tenebat per vim suam. Convenerunt monachi de vestiario propter deteriorationem monete, et non accipiunt plus quam xl libras Viennensium.

xxxvi. — Die Jovis. Item apud *Alesyum* sunt iiiior monachi, preter priorem, quorum duo sunt ultra numerum consuetum ibidem ab antiquo ; et hoc dicunt prior et quidam monachi quod illi duo socii monachi, qui amplius sunt, adjuncti fuerunt ibidem pro additione cujusdam cappelle dicte *Sancti Lamberti de Lambres* [2] per reverendum episcopum dominum Johannem de Valentia [3], et post mortem dicti episcopi Valentinensis

---

1. Peaugres, cne, con de Serrières, arrt de Tournon (Ardèche).

2. Lambre, ham., cne de Divajeu, con de Crest, arrt de Die (Drôme).

3. Jean de Genève, évêque de Valence, nommé en 1281 et mort en 1297.

successor ejus et capitulum dictam capellam ad se revocaverunt
et in donatione [1] sua remiserunt cum ejus apendentiis ; quare
dictus prior, com dictam capellam habere non possit, de predictis duobus sociis monachis pro honerato se tenet. Item
dicunt officium suum com nota perfecte, ut dicunt. Item divinum offitium, helemosina et hospitalitas more solito fiunt.
Domus debet LXIX libras Viennensium, que omnia debita promisit solvere coram deffinitoribus infra proximum festum
Omnium Sanctorum ; quod debitum promittit prior solvere
vel diminuere infra capitulum ; et habet necessaria usque ad
novos fructus. Cetera sunt in bono statu, ut dicunt. Tamen
socii conqueruntur de suo vestiario propter deteriorationem
monete ; tamen prior dat xx libras de aumentatione et xv libras
de consuetudine : sic sunt LX libre.

xxxvii. Die veneris. Item apud *Urrum*, quum per relationem
visitatorum anni preteriti nuper comperimus quod domus de
Urro in spiritualibus et temporalibus male ministrabatur, nos
de statu prioratus diligenter inquirere cupientes, cum dicto
priore de Urro diligenter et per obedientiam inquisivimus
prout melius et sanius potuimus apud Tintum, ubi dictum
priorem invenimus, et prior de statu domus de Urre nobis
respondit quod dictam domum accensaverat ad tres annos de
mandato domini abbatis Cluniacensis, et quod dictus accensa-
tor divinum officium, helemosinam, hospitalitatem debebat
facere et cetera bona que prior facere teneretur si presens esset
et domum teneret, et quod domum dimisit sine debito. Item
omnia que domus tenere et possidere consueverat a xxv annis
citra, nunc tenet pacifice et quiete, et plus usum et censum
molendini de Hospitali que perdita extiterant per trigenta annos, que nuper idem prior recuperavit. Et ad dictum priora-
tum accedentes, per procuratorem domus et per sacristam
illud idem reperimus et eciam per dominum Egidium de Val-
libusterre, quondam monachum de Urre. Domus habet necessaria usque ad novos fructus. Cetera sunt in bono statu. *(p. 12)*

xxxviii. Item apud ecclesias de *Riberiis* est prior com duo-

---

1. *Probablement pour* dominatione.

bus sociis ibi assuetis et capellano. Quilibet facit suam edogma-
dam et fit ibi divinum officium sufficienter ; tamen quia non
est ibi risponsorium perfectum nec graduale, mandaverunt et
preceperunt visitatores priori quod procuraret habere infra
annum : quod promisit se facturum. Cetera sunt in bono statu. Ibi est Egidius, monachus Cluniacensis, qui venit ibi loco
fratre O. de Belme.

xxxix. Item apud *Sanctum Andream de Rosans*, quo subest
prioratus de *Sancto Marcello Diensi* [1], sunt tres monachi et
capellanus, et fit ibi divinum officium secundum numerum
monachorum. Hospitalitas et helemosina sufficienter. Deca-
nus Cluniacensis, qui est prior Diensis, debet respondere de
temporali.

xl. Item apud *la Motam* [2] nullus monachus moratur, quia
fit unio de eodem prioratu cum *Sancto Marcello Dyensi*; tamen
incipit renovari ecclesia et aumentari et jam fit chorus pro majori parte, et invenimus per plures quod eo quod non vult se
juvare prior qui capit redditus, quod parrochiani nolunt se
juvare et restat opus inperfectum, et bene accipit ibi prior CC
libras, prout dicunt patriote et parochiani [3].

xli. Item apud *Sanctam Jallam* est prior cum duobus monachis sociis suis, et non est solitum hic habitare nisi unum
monachum ; tamen prior qui nunc est aumentavit tempore suo
et numerum monachorum et redditus, et bene fit ibi per ipsos
divinum officium, quia qualibet die habent ii^as missas in Quadragesima et aliis temporibus unam. Hospitalitas et helemosina ibi fiunt; prior nil debet. Cetera sunt in bono statu omnia.

xlii. Item apud *Gap* est prior, sacrista, com uno monacho.
Divinum officium fit ibi, quia quilibet duorum monachorum
facit edomada sua et capellanus. Prior studit per licentiam domini abbatis Avinione et nil debet, prout nobis dixit. Cetera sunt
in bono statu. Memorandum de prioratu de *Puygcoutier* [4], ubi
non est monachus cum priore et est subtus Gap.

1. Die, *chef-lieu d'arr^t (Drôme)*.
2. La Motte-Chalancon, *ch. l. de con, arr^t de Die (Drôme)*.
3. *Il serait intéressant de constater si l'église paroissiale de la Motte-Chalancon peut remonter en tout ou en partie à l'année 1303.*
4. *Forme vulgaire du même mot que* Pelleautier.

xliii. Item apud *Barnavam* est prior com uno monacho; et fit
ibi divinum officium sufficienter, et hospitalitas et helemosina
bene. Prior nil debet. Cetera sunt in bono statu.

xliv. Item apud *Dyam* non invenimus priorem, sed erat
apud Cluniacum vel alibi. Ibi est assuetus numerus monachorum et amplius, videlicet quatuordecim, prout dictum fuit in
capitulo dicti loci. Divinum officium fit ibi bene, tamen non
faciebant inter dictum conventum et capellanum nisi duas
missas in die ; quare preceperunt visitatores quod dictus conventus amodo, sine missa capellani, celebrent duas missas matutinalem et magnam. Helemosina fit ibi ter in edogmada
prout est consuetum ; hospitalitas bene fit. Dormitorium non
est regulare nec defferunt stamnas monachi omnes : quod
prior promisit visitatoribus emendare. Preceptum fuit per visitatores camerario dicti loci quod hoc emendaret, qui dicit
hoc non posse facere sine adjutorio prioris. Domus debet, per
relacionem procuratorum, VIIIᶜ libras et solvit prior hoc anno
IIᶜ libras de summa anni preteriti monete patrie sine usuris, et
excusat se prior propter defectum panis et vini hujus anni et
propter contentionem quam habuit contra Ruphenses 1.

xlv. Die Jovis ante Ramos palmarum. Item apud *Sanctum Se-
bastianum* non invenimus priorem, nec est ibi qui Deo serviat
in ecclesia nisi solus monachus antiqus et satis debilis, et dicit
horas suas in suo breviario quando vult et non habet socium
com quo possit reconciliari nisi capellanus ville. Ibi debent esse
tres monachi com priore vel plus ; quidam eorum defunctus
fuit annᵒ nuper elapso, qui erat sacrista loci ; alter socius monachus, qui vocatur Bertrandus dou Gans, non est intus in
mansione sua, sed moratur Avinione com priore de *Gap* fere
per totam Quatragesimam. Dictus Bertrandus non est sacerdos et sic male tenebatur domus spiritualiter, et in divino
servicio et in luminari et aliis. Item ibi est prebendarius capellanus ville, qui non vult levare ad matutinas ; aliquando pul-
santur hore, sed non cantantur. Ibi sunt duo clerici, quorum
unus servit altari, alter defert claves domus et ministrat tem-

1. *L'abbaye de Saint-Ruf près de Valence.*

poralia; qui clericus, prout dictum fuit visitatoribus, vendit et
vendidit blada domus de licentia prioris ad estimationem de
C et quinquaginta libris Viennensium. Nil solutum est de debitis domus, sed plus aumentantur. Ecclesia et edificia male
cooperta sunt ; nisi apponatur in brevi remedium, periculum
est in corructione murorum et patet, quia aliqua edificia ibi
quondam corruerunt ob defectum cooperture. Item domus
obligata erat anno elapso in VIII^{xx} libris Viennensium et modo, per relationem monachi qui ibi moratur, est obligata do-
nus in X^{xx} xi libris x solidis Viennensium et plus nescit ; sed
interrogetur adhuc prior loci super debito. Item non habent
vinum pro hospicio. Dominus de Morges [1] dicte domui inju-
riatur in multis, et non est qui deffendat et qui remedium
apponat, quare male tractatur domus et spiritualiter et temporaliter.

XLVI. Item apud *Valboneys* non invenimus priorem, qui est
in studiis. Ibi sunt vi monachi, quorum unus tenet locum prioris. Divinum officium ibi bene fit et sufficienter, tamen quia
non habebant ex consuetudine et debito nisi unam missam
dicti monachi, preceperunt visitatores quod duas missas cele-
brarent in Adventu et in Quadragesima et in vigiliis et festis
in quibus de necessitate oporteret celebrare duas missas : qui
dicti monachi ad hoc faciendum concordaverunt posse suo faciendum. Hospitalitas et helemosina satis competenter fiunt.
Sacristia bene ministratur, tamen quia duo libri et unus calix
accomodati erant aliquibus personis religiosis et secularibus,
preceperunt visitatores ut dictus sacrista eos recuperaret infra
festum beati Johannis vel sanctum Michaelem proximum.
Domus nil debet, prout dixerunt monachi et credunt, excep-
tum xx libras et unum roncinum, que accomodavit priori
quidam amicus suus sine usuris ; et super debitis interrogetur
prior si plus est de debito. Domus habet necessaria usque ad
novos fructus. Cetera sunt in bono statu. Tamen quia quedam
pecia terre, quam solebat tenere quidam homo nobilis viri do-

---

1. *Pierre de Bérenger, seigneur de Morges, fils de Guigues de Bérenger
de Morges, qui testa le 7 juillet 1312.*

mini Guigonis Alamandi [1], de qua faciebat censum dicto prioratui, per eschutam seu mortem dicti hominis ad manum dicti
domir i Guigonis devenerit, qui non vult reddere nisi........
terram, mandaverunt visitatores priori de loco quod jus ecclesie
sue super hoc manu teneat, deffendat et revocet infra breve
tempus. Conqueruntur monachi de vestiario quia non habent
nisi xx solidos Viennensium ....

xLvii Item apud *Viɀiliam* est prior com duobus monachis et
curato(?). Divinum officium, hospitalitas et helemosina ibi fiunt
competenter ; tamen preceptum est sacriste emendare et au-
mentare luminare ecclesie. Quoddam pratum alienatum fuit
per priorem dicti loci quondam, fratrem Jacobum de Alavardo,
et inde habuit xii^{dm} libras, in condicione quod prior domus
possit redimere et rehabere dictum pratum precio xiii^{dm} librarum Viennensium infra annum. sinantes (?) quod emptori re-
maneret in perpetuum pro censa quinque solidorum redden-
da dicto prioratui ; item infra dictum terminum quod pratum
posset redimi. venit ad locum pro priore frater Garnerius fili-
us Besenconis, armearii Ludunensis, qui Bezenconius promisit solvere debita pro filio suo per juramentum suum in manu
domini abbatis Cluniacensis, et dictam domum reddere quitam
et immunem a debitis omnibus infra certum tempus, quod
jam transactum est ; et quia dictum pratum non redemit nec
solvit pecuniam super eo mutuatam, dictum pratum est sic
perditum et amissum ; quod pratum, prout dicunt prior et
monachi loci. si de domo esset, posset valere circa Lx solidos
annuales. Item dictus prior Garnerius nullum inventarium
reddidit de cartis vel cartulariis reddituum domus, sed perdi-
te vel perdita fuerunt tempore suo ; et quia. prior non potest
ostendere certificationem super debitis et redditibus, prioratus
maximum dampnum inde recipit et gravamen, et qui debent
aliquid sibi negant. Item dictus Garnerius detulit secum unum
calicem pro aptando, quem nundum reddidit ; item unam ol-
lam cupream domus, quam vendidit. Item quia non faciebat
vineas nec lucrabatur terras domus tempore suo, dampnifica-

---

1. *Guigues Allemand, seigneur de Vatbonnais.*

tur domus, prout dicunt plures ; et sic propter defectum bladi
et vini anni preteriti et preteritis, et pro emptione boum pro
labore et lucro faciendo, et pro aliis debitis est domus obligata
in C libras, exceptis missionibus extra hospitium faciendis a
capitulo in antea.

XLVIII. Item apud *Domenam* est prior com duodecim monachis a consuetudine (videlicet XIII), et unus est desuper, prout
dicit prior. Divinum officium, hospitalitas et helemosina ibi
bene fiunt. Dormitorium non est bene regulare de estra.... et
etiam vestiarium non est sufficiens, quia non habent monachi
preter quam unam pelliciam de duobus annis, neque tunicam
neque vestem ; tamen prior escusat se et chamerarium per in-
potentiam et paupertatem officiorum. Item prior dicit domum
esse honeratam de conversis, quia prior Hugo dictus de Porta,
quondam prior dicti loci, nunc sacrista de *Calvyes* [1], fecit ibi
unum conversum de quodam puero ceco, qui nundum habet
x annos et nunquam poterit lucrari panem suum, et de ipso
habuit XI. libras ; quas XL libras si in profectu domus posuit,
dicit prior hoc non sufficere, quia debebat tenere domum et
reddere quitam et immunem debitis ad certum tempus. Item
dictus prior Hugo venddidit quatuordecim trentenaria ovium
et LX capras vel circa, per relatum prioris factum in capitulo ;
et preceptum fuit eidem priori alias per visitatores quondam, quod dictas oves domui restitueret, quod non fecit.
Item dicit prior qui nunc est quod domus de Domena habet
vel habere debet quamdam villam que vocatur *Altavilla in Sa-
baudia* [2], quam villam prior de Conziaco [3], quondam prior de
Domena, tradidit domino Ay. de Palude..... fratri suo. Item
aliqua scripta que necessaria sunt domui detulit dictus prior
secum ac vidit prior presens. Item supplicavit totus conventus
dicti.... reverendo patri in Christo domjno abbati et diffinito-
ribus et ordini, quod illi pauperi domui de Domena subveni-
ant, supponendo eidem aliquod vel aliquos redditus vel prio-

1. *Je n'ai pu retrouver le nom moderne de ce prieuré, ni la province dont il
faisait partie.*

2. Hauteville, cne, con de Chamoux, arr de Chambéry (Savoie).

3. Conzieu, cne, con et arr de Belley (Ain).

ratus, quia necesse est. Item super deffinitionem factam super fratre Raymondo de Morgiis dicto Berengarii [1], inquisivimus diligenter in pleno capitulo quia hoc nobis ipse supplicavit, tamen invenimus ipsum sine culpa, quia numquam exierat sine licentia prioris vel supperiorum nec unquam fuit a disciplina prioris ....

XLIX. Item apud *Sanctum Petrum de Alavardo* est prior com vi monachis assuetis, quorum iii[or] sunt sacerdotes, duas missas com..... faciunt quolibet die, majore missa in magno altari faciunt monachi et aliam matutinalem inter ipsos et cantum loci...... Officium, hospitalitas et heleemosina ibi bene sufficienter fiunt. Monachi non habent vestitum sufficiens cum habent consuetum........ circa xxx libras Viennensium. Dictum fuit priori ut vestiarium emendaret. quod dixit si...........

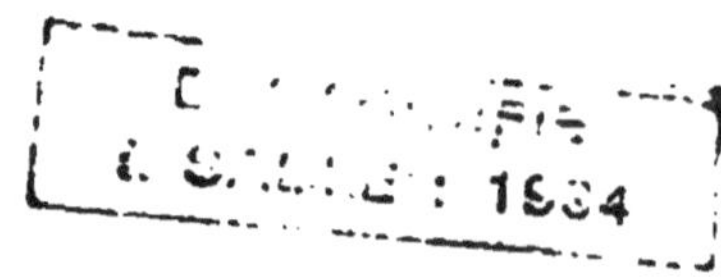

— ꝏ —

1. *Ce personnage est peut-être le même que Raymond de Bérenger de Morges, seigneur de Prébois et prévôt du chapitre de Saint-André à Grenoble. Il était fils de Pierre de Bérenger, seigneur de Morges.*

MONTBÉLIARD, IMPRIMERIE P. HOFFMANN. — 2, 461.